Analyse de l'œuvre

Par Vincent Jooris et Kelly Carrein

Le Bourgeois gentilhomme

de Molière

Rendez-vous sur lepetitlitteraire.fr et découvrez :

Plus de 1200 analyses
Claires et synthétiques
Téléchargeables en 30 secondes
À imprimer chez soi

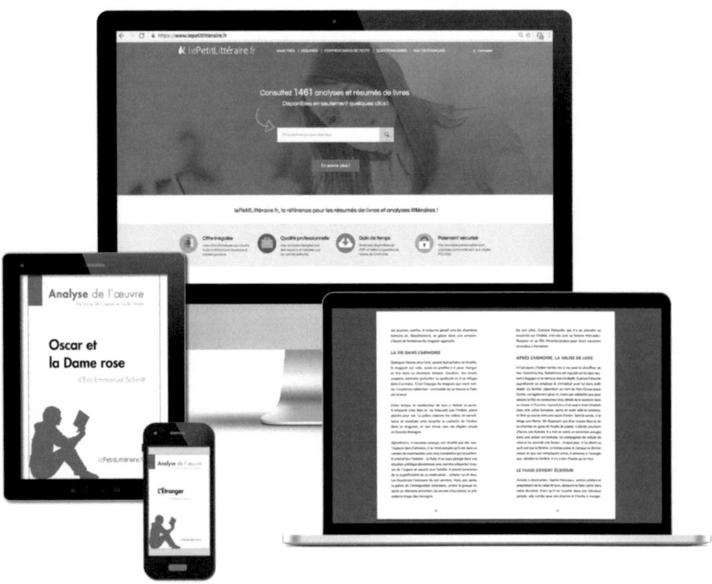

MOLIÈRE

DRAMATURGE, COMÉDIEN ET CHEF DE TROUPE FRANÇAIS

- **Né en 1622 à Paris**
- **Décédé en 1673 dans la même ville**
- **Quelques-unes de ses œuvres :**
  - *Dom Juan* (1665), comédie
  - *L'Avare* (1668), comédie
  - *Le Malade imaginaire* (1673), comédie-ballet

À la fois auteur, metteur en scène, directeur de troupe et comédien, Molière (de son vrai nom Jean-Baptiste Poquelin) est né à Paris, dans la bourgeoisie aisée. Très tôt, il s'oriente vers le théâtre et fonde, avec la comédienne Madeleine Béjart (1618-1672), la troupe de l'Illustre-Théâtre (1643-1645). Après 13 années de théâtre itinérant en province, il revient à Paris, où il est remarqué par le roi Louis XIV (1638-1715), qui le prend à son service et le place sous sa protection.

Molière écrit essentiellement des comédies dans lesquelles, sous le couvert du rire, il met au jour les défauts de ses contemporains (la préciosité, le pédantisme, l'avarice, etc.) et critique certains membres de la société du XVIIe siècle (les pères autoritaires, les faux dévots, les médecins charlatans, etc.).

Le 17 février 1673, un malaise le saisit sur scène, lors d'une représentation du *Malade imaginaire* ; Molière meurt chez lui dans la soirée. Ses nombreuses pièces exercent encore aujourd'hui une influence considérable et font de lui un auteur majeur du siècle classique.

LE BOURGEOIS GENTILHOMME

MONSIEUR JOURDAIN
OU LA FOLIE DES GRANDEURS

- **Genre :** comédie-ballet
- **Édition de référence :** *Le Bourgeois gentilhomme, Le Médecin malgré lui*, Paris, Maxi-Livres, 2005, 158 p.
- **1ʳᵉ édition :** 1670
- **Thématiques :** bourgeoisie, arrivisme, ridicule, parvenus, ascension sociale, instruction

Représenté pour la première fois en 1670 devant la cour de Louis XIV, *Le Bourgeois gentilhomme* est une comédie-ballet de Molière, qui mêle la musique de Jean-Baptiste Lully (compositeur français d'origine italienne, 1632-1687) aux intermèdes dansés réglés par Pierre Beauchamp (danseur et maitre de ballet français, 1631-1705).

Très riche bourgeois, M. Jourdain est un parvenu. Saisi par la folie des grandeurs, il souhaite intégrer l'aristocratie. Il tente alors d'en apprendre les manières (grâce aux cours particuliers que lui dispensent des maitres), courtise une marquise et cherche un gendre noble. Mais il ne réussira qu'à être moqué et escroqué par tous.

Cette pièce très célèbre, ancêtre de la comédie musicale, a été jouée des milliers de fois depuis sa création, ce qui en fait un classique incontournable. Elle a été également adaptée à plusieurs reprises au cinéma et à l'opéra.

RÉSUMÉ

ACTE I

Scène I

Le maitre de musique et le maitre à danser se félicitent d'avoir M. Jourdain comme élève, car, bien qu'il n'ait que peu de connaissances de la noblesse, il les paye bien. En plus de l'argent obtenu, le maitre à danser apprécie les louanges reçues pour la pratique de son art, car elles flattent son égo.

Scène II

M. Jourdain arrive. Les deux maitres admirent hypocritement sa tenue et multiplient les compliments – alors que leur hôte n'est en vérité vêtu que d'une robe de chambre et d'un bonnet.

M. Jourdain écoute ensuite une sérénade composée par le disciple du maitre de musique, qu'il trouve lugubre. Il entonne alors une chansonnette légère ; les deux maitres le complimentent, et chacun l'assure du caractère indispensable de son art.

La scène s'achève par un intermède musical composé par trois musiciens, qui plait beaucoup à M. Jourdain.

ACTE II

Scène I

M. Jourdain prouve la grossièreté de ses gouts artistiques

en avouant apprécier la trompette marine, un instrument connu pour faire un bruit peu mélodieux. Il accepte qu'un concert de musique s'organise chez lui une fois par semaine, car le maitre de musique affirme qu'il s'agit là d'une coutume observée par les gens de qualité.

M. Jourdain annonce ensuite la venue de la marquise Dorimène pour le soir même. Il veut alors apprendre à faire la révérence.

Scènes ıı et ııı

Le maitre d'armes arrive. M. Jourdain démontre sa maladresse (en ne pouvant se défendre face à une simple attaque au fleuret) et profère des sottises (en comprenant qu'un homme, s'il sait faire les bons mouvements du poignet lorsqu'il manie le fleuret, est sûr de ne pas être tué par son adversaire).

Lorsque le maitre d'armes affirme à son tour la supériorité de son art, une dispute éclate entre les trois professeurs. M. Jourdain tente de s'interposer, mais personne ne lui prête la moindre attention.

Le maitre de philosophie apparait alors et assure que c'est la philosophie qui domine toutes les disciplines. L'empoignade reprend de plus belle, et M. Jourdain, las d'être ignoré, les laisse se battre entre eux.

Scène ıv

La dispute achevée, le maitre de philosophie entame son cours par une citation latine (« *Nam sine doctrina vita est quasi mortis imago* » : sans la science, la vie est une image de la mort) que le bourgeois fait mine de comprendre pour paraitre instruit. Le maitre lui demande alors ce qu'il souhaite apprendre. M. Jourdain refuse d'aborder la logique, la morale et la physique, qu'il juge ennuyeuses et non dignes d'intérêt ; il prouve ainsi qu'il n'a absolument pas compris la locution latine de son interlocuteur.

M. Jourdain préfère apprendre l'orthographe. Le maitre de philosophie décide alors de lui donner une leçon sur les voyelles et leur prononciation – ce qui est assez éloigné de son domaine de prédilection. Son hôte répète les voyelles avec candeur et ridicule.

Au terme de la leçon, le bourgeois demande au maitre de l'aider à rédiger quelques mots pour séduire la marquise. C'est alors qu'il montre une nouvelle facette de son ignorance : il ne sait pas ce qu'est la prose. Il insiste pour que le maitre de philosophie rédige un mot similaire à « belle marquise, vos beaux yeux me font mourir d'amour » : il n'a pas encore écrit le billet destiné à Dorimène et souhaiterait que le maitre le modifie pour le rendre le plus percutant possible. Celui-ci propose des alternatives, avant d'avouer que la formulation initialement prononcée par M. Jourdain est la meilleure. Ce dernier se vante d'avoir trouvé cette formule grâce à son talent naturel.

Scène v

Le maitre tailleur vient livrer sa commande. M. Jourdain se plaint que ses bas le blessent et, lorsqu'on lui soumet un vêtement sur lequel les fleurs sont représentées à l'envers, il fait part de son étonnement. Le tailleur rattrape son erreur en lui assurant que les personnes de qualité portent les fleurs ainsi, ce qui est un mensonge éhonté pour rester dans les bonnes grâces du bourgeois. Dès lors, M. Jourdain accepte immédiatement de porter le vêtement.

Les garçons tailleurs, assistants du maitre, utilisent des termes nobles pour s'adresser à M. Jourdain (« gentil-homme », « votre Grandeur »), ce qui le flatte : pour les récompenser, le bourgeois leur donne de l'argent.

ACTE III

Scènes ɪ à ɪɪɪ

M. Jourdain part en promenade pour exhiber ses nouveaux vêtements. Nicole, la servante, se moque de son accoutrement ridicule. M. Jourdain lui annonce la venue d'invités pour le soir même, ce qui l'interrompt dans son fou rire et la met de mauvaise humeur.

Mme Jourdain arrive ensuite et réprimande son mari au sujet de ses rêves de noblesse ; elle lui assure que de nombreuses personnes se moquent de lui et de son comportement. Nicole se plaint quant à elle des corvées supplémentaires qu'engendre le défilé des maitres. Vexé, M. Jourdain blâme leur ignorance et tente de démontrer son savoir en faisant référence à sa leçon de prononciation.

Mme Jourdain déplore aussi qu'un seigneur, Dorante, leur emprunte continuellement de l'argent : contrairement à son mari, elle ne croit pas qu'il les remboursera un jour.

Scènes iv et v

Dorante arrive et flatte d'emblée M. Jourdain. Il promet de rembourser ses dettes et parvient à recevoir encore plus d'argent : M. Jourdain est une nouvelle fois dupé, car il ne peut rien refuser à un homme qui parle de lui au roi et le couvre de compliments.

Dorante cherche Lucile, la fille des Jourdain, car il désire la voir. Mme Jourdain, qui n'est pas dupe face à ses flatteries hypocrites, le rudoie avec humour.

Scène vi

Dorante confirme la venue de la marquise Dorimène : il joue l'entremetteur. Il insiste bien sur le fait que les femmes aiment être comblées de cadeaux. M. Jourdain, qui espère séduire la marquise, s'assure quant à lui de l'absence de sa femme pour le diner ; il souhaite ainsi s'éviter tout embarras. Nicole espionne d'ailleurs la conversation pour le compte de Mme Jourdain, mais les deux hommes quittent la scène aussitôt qu'ils la repèrent.

Scène vii

Nicole fait son rapport à Mme Jourdain. Celle-ci n'est pas surprise par le côté volage de son mari et ne s'en formalise pas. Elle aimerait surtout que sa fille épouse Cléonte, son prétendant. Elle ordonne donc à Nicole de le faire venir pour qu'il demande la main de Lucile.

Scènes viii à x

Nicole parvient auprès de Cléonte. Lui et son valet, Covielle, ne veulent rien entendre de ce qu'elle a à leur dire ; ils la chassent promptement. De fait, les deux hommes se plaignent d'avoir précédemment été ignorés lors d'une rencontre fortuite : Cléonte par Lucile, et Covielle par Nicole, dont il est l'amant. Néanmoins, Cléonte reste épris de Lucile, et Covielle est tout aussi amoureux de Nicole.

Cette dernière raconte ensuite à Lucile le mauvais accueil qu'elle a reçu chez Cléonte. Les jeunes femmes tentent de dissiper le malentendu, et leurs soupirants finissent par écouter leurs explications : elles étaient accompagnées d'une vieille tante pour qui la simple approche d'un homme déshonore une jeune fille. Les deux couples se réconcilient.

Scènes xi à xv

Cléonte demande Lucile en mariage, mais M. Jourdain rejette la proposition du jeune homme, parce que celui-ci n'est pas « gentilhomme ». Cléonte se situe pourtant au même niveau que la famille Jourdain sur l'échelle sociale. S'ensuit alors une dispute entre M. et Mme Jourdain à propos des intérêts de la famille : Mme Jourdain souhaiterait que sa fille épouse un homme du même rang social ; M. Jourdain, en revanche, voudrait faire de sa fille une marquise.

Cléonte est désespéré, mais Covielle a un plan pour convaincre M. Jourdain : ils se retirent pour en discuter, pendant que M. Jourdain, resté seul, regrette de ne pas être né noble.

Scènes xvi à xx

Dorante et Dorimène sont annoncés. Tandis qu'ils discutent,

nous comprenons que Dorante fait passer les cadeaux de M. Jourdain pour siens et qu'il veut épouser la marquise. Celle-ci est d'ailleurs impressionnée par les dons qu'il fait pour la courtiser, mais elle ignore que Dorante vit sur des emprunts et la manipule.

M. Jourdain les interrompt. Dorante lui conseille discrètement de ne pas parler du diamant qu'il lui a offert, pour éviter que sa supercherie soit découverte. L'acte s'achève sur l'arrivée du laquais, qui invite les protagonistes à passer à table.

ACTE IV

Scène I

Le diner a lieu sur fond musical. Dorante s'en attribue le mérite auprès de Dorimène. M. Jourdain se montre quant à lui prévenant, malgré sa gaucherie habituelle. À table, Dorante évite soigneusement le sujet du diamant, mais Dorimène se rend compte de la galanterie de M. Jourdain, ce qui énerve Dorante.

Scènes II à IV

Mme Jourdain surprend son mari en train de flatter Dorimène. Quand Dorante affirme être le commanditaire du repas, M. Jourdain, trop naïf et sous l'emprise du comte, croit qu'il le couvre. Mais il s'agit seulement pour lui de préserver ses intérêts auprès de la marquise.

Mme Jourdain n'est quant à elle pas dupe et apostrophe tout le monde. Dorimène, qui ne comprend rien à la situation, sort fâchée. Dorante la raccompagne. M. Jourdain exige des excuses de sa femme ; en vain. Elle le laisse seul et en colère.

Scènes v à viii

Covielle entre déguisé en Turc. Il se présente comme un ami du père de M. Jourdain : pour gagner sa confiance, il lui fait croire que son père était un gentilhomme noble, et non un marchand. Il annonce ensuite que le fils du Grand Turc souhaite épouser Lucile. Mais pour que cette union ait lieu, il faudra faire de M. Jourdain un « mamamouchi » – titre honorifique inventé par Molière –, un noble turc.

Évidemment, celui-ci accepte. Cléonte arrive alors, également travesti en Turc. Covielle sert d'interprète. La cérémonie d'anoblissement constitue un intermède musical et comporte des coups de bâton et de sabre. Dorante est mis au courant de la supercherie par Covielle, qui rit de son ingéniosité.

ACTE V

Scènes i à iii

Mme Jourdain demande à son mari des explications sur son déguisement de Turc. Celui-ci s'énerve et parle turc. Son épouse le croit fou. Dorante soutient la mascarade de Cléonte et en profite pour persuader Dorimène de se marier : elle ne veut plus qu'il fasse des dépenses pour lui faire la cour. Le comte félicite également M. Jourdain, qui s'excuse du comportement de sa femme et fait venir sa fille pour la marier au Turc.

Scènes IV à VI

M. Jourdain présente à Lucile son futur mari. Elle refuse d'abord de l'épouser, mais quand elle reconnait Cléonte, elle finit par accepter. Elle fait passer ce revirement pour l'expression soudaine d'une volonté de faire plaisir à son père – ce qui ravit celui-ci.

Scène VII

Mme Jourdain s'oppose fortement au mariage, mais, lorsque Covielle l'informe de la supercherie (en la prenant à part pour lui révéler son plan, sans que M. Jourdain ne l'entende), elle finit par y consentir.

Dorante annonce aussi son mariage avec Dorimène, ce qui apaise la jalousie de Mme Jourdain. M. Jourdain croit quant à lui qu'il s'agit d'une astuce et laisse faire, espérant toujours pouvoir épouser la marquise. Il donne également la main de Nicole à Covielle. Un triple mariage est donc prévu.

En attendant le notaire, tout le monde se divertit et contemple le spectacle donné en l'honneur des convives : le *Ballet des nations* (espagnole, italienne et française). Cette partie dure à elle seule aussi longtemps que la comédie.

ÉTUDE DES PERSONNAGES

MONSIEUR JOURDAIN

Riche marchand drapier, M. Jourdain n'a pratiquement aucune éducation. Il rêve de ressembler aux nobles, mais il en ignore les manières. Il dépense donc sans compter, afin d'apprendre leurs us et coutumes, de se créer des relations et d'approcher la cour. Son objectif principal est de séduire la marquise Dorimène pour s'élever socialement.

Extrêmement crédule, il est vite repéré par des escrocs qui lui extorquent énormément d'argent. À la fois naïf, vaniteux et maladroit, M. Jourdain suscite tantôt le rire – à ses dépens –, tantôt la pitié, par exemple lorsqu'il accueille les diverses consignes des maitres par de multiples « euh ? » qui manifestent sa totale incompréhension.

Mais M. Jourdain n'est pas ingénu. Pour mener à bien sa cabale, il se méfie de tous, car il se sait épié. Et de fait, il est l'objet de tous les regards – celui de ses exploiteurs, celui des valets, celui de son épouse, etc. –, souvent malveillants, moqueurs ou réprobateurs.

Omniprésent, ce personnage d'enfant gâté soutient toute la pièce. Molière a lui-même interprété ce rôle qui, depuis, a également fait le succès d'autres acteurs au cours des siècles qui suivirent.

MADAME JOURDAIN

L'épouse de M. Jourdain ne renie pas son statut de bourgeoise. Elle incarne le bon sens et l'ordre face à l'excentrique folie de son mari. Les égarements de celui-ci la laissent d'ailleurs désemparée, d'autant qu'il l'exclut de ses projets. Il ne lui reste alors que la moquerie et la patience en dernier ressort : à plusieurs reprises, elle traite son mari de « fou », ce qui illustre son impuissance face à l'énormité de ses aspirations.

Mme Jourdain soutient toujours ce qu'elle croit juste – par exemple, elle refuse que sa fille épouse le Turc (qu'elle ignore être Cléonte) – et sait aussi défendre les intérêts de sa famille lorsqu'ils sont menacés : par exemple, elle se méfie de Dorante, par crainte qu'il n'arnaque son mari.

Enfin, ce personnage produit un contraste utile à l'économie et au comique de la pièce : en effet, plus Mme Jourdain semble sensée et posée, plus M. Jourdain a l'air ridicule et crédule :

> « MADAME JOURDAIN – Oui, il a des bontés pour vous, et vous fait des caresses, mais il vous emprunte votre argent.
> MONSIEUR JOURDAIN – Hé bien ! ne m'est-ce pas de l'honneur de prêter de l'argent à un homme de cette condition-là ? et puis-je faire moins pour un seigneur qui m'appelle son cher ami ?
> MADAME JOURDAIN – Et ce seigneur que fait-il pour vous ?
> MONSIEUR JOURDAIN – Des choses dont on serait étonné, si on les savait. » (acte III, scène III)

DORANTE

Dorante se présente comme un comte, mais l'est-il vraiment ? Le doute plane tout au long de la pièce, sans être jamais levé. Entre M. Jourdain et la marquise Dorimène, il sert d'intermédiaire et d'entremetteur : il transmet les propos – parfois en les modifiant – de ces deux interlocuteurs qui ne se parlent pas directement.

Mais au-delà des apparences, ses desseins sont clairement égoïstes ; il n'a d'ailleurs aucune estime pour M. Jourdain, qu'il escroque depuis longtemps. Habile manipulateur et menteur, Dorante exploite les aspirations de M. Jourdain et sa candeur au service de ses propres intérêts. En effet, il lui extorque de l'argent sans scrupules – en prétendant appuyer son ascension – et séduit Dorimène à sa place, en faisant passer ses cadeaux pour les siens.

LES MAITRES

Chez M. Jourdain, les maitres défilent à toute heure, et tous sont experts dans leurs domaines respectifs : la danse, la musique, l'escrime, la philosophie et l'habillement. Ces disciplines sont celles qu'il s'agit de maitriser lorsque l'on est noble, si l'on désire être bien vu ; d'où l'intérêt que leur porte M. Jourdain.

Les maitres tirent un important profit financier des obsessions de M. Jourdain. C'est pourquoi, en sa présence, ils se montrent particulièrement mielleux et prévenants. Mais il s'agit bien là d'hypocrisie, car, en vérité, tous le méprisent : il ne fait pas partie de leur monde, ne comprend pas leurs codes, n'a ni la finesse ni l'intelligence, ni même la patience qui lui permettraient de pratiquer les différents arts dont ils dispensent les leçons :

> « MAÎTRE DE MUSIQUE – [...] C'est un homme, à la vérité, dont les lumières sont petites, qui parle à tort et à travers de toutes choses, et n'applaudit qu'à contresens ; mais son argent redresse les jugements de son esprit. Il a du discernement dans sa bourse. » (acte I, scène I)

Profiteurs malhonnêtes, ils se livrent entre eux des disputes futiles où chacun affirme la supériorité de sa discipline, et au cours desquelles, surtout, ils se montrent au moins aussi sots que M. Jourdain. En définitive, l'aperçu qu'ils donnent de la noblesse n'est donc guère plus flatteur que celui donné de la bourgeoisie par M. Jourdain.

DORIMÈNE

La marquise Dorimène est une veuve capricieuse que M. Jourdain essaye de séduire pour profiter de son titre. C'est dans ce but qu'il se ruine en somptueux cadeaux, mais c'est aussi par la noblesse de son esprit qu'il espère lui plaire. D'ailleurs, au cours du diner où il l'a convié, Dorimène semble montrer un peu d'intérêt pour le bourgeois – ce qui dérange Dorante.

Dupé par M. Jourdain, elle l'est aussi par Dorante, puisque ce dernier lui fait croire que tous les présents viennent de lui. Toutefois, le stratagème de Dorante fonctionne, puisqu'elle est sur le point de l'épouser à la fin de la pièce.

LES JEUNES BOURGEOIS : LUCILE ET CLÉONTE

Lucile est l'unique enfant des Jourdain. Elle incarne le stéréotype de la jeune fille fragile, amoureuse et naïve. Sa mère l'encourage à aimer Cléonte, tandis que son père veut lui imposer un mariage qui sert ses propres intérêts.

Cléonte incarne quant à lui un autre cliché : celui du jeune premier, intègre et honnête ; il est l'amoureux transi, prêt à tout pour séduire son amante.

Le couple d'amants promis l'un à l'autre – et qui parviennent à se marier au terme de la pièce –, est un élément récurrent dans les comédies de l'époque classique.

LES DOMESTIQUES : NICOLE ET COVIELLE

Nicole est la servante de Mme Jourdain. En tant que femme du peuple, elle se permet de rire grassement et sans complexe des extravagances de son maitre. Covielle, valet de Cléonte, est aussi l'amant de Nicole. D'un naturel pragmatique et rusé, c'est lui qui élabore un stratagème – l'invention du Grand Turc – pour aider son maitre.

Les domestiques sont aussi récurrents dans les pièces de théâtre classiques. À travers ces personnages, Molière gagne la sympathie et l'adhésion d'une frange plus populaire du public.

CLÉS DE LECTURE

UNE COMÉDIE-BALLET

Sans renoncer aux farces (*Sganarelle ou le Cocu imaginaire* [1660] ; *Les Fourberies de Scapin* [1671]), Molière se spécialise dans les comédies de mœurs : il caricature ouvertement les travers de la société de son époque, quitte à susciter la polémique (*Les Précieuses ridicules* [1659] ; *L'École des femmes* [1662] ; *Le Tartuffe ou l'Hypocrite* [1664] ; *Dom Juan* ; *Le Misanthrope* [1666] ; *L'Avare*). Avant lui, la comédie était un genre considéré comme largement inférieur à la tragédie (inspirée, à l'époque, par les auteurs de l'Antiquité) ; c'est grâce à ses pièces au succès impressionnant que le genre gagne ses lettres de noblesse.

Mais Molière est aussi, avec Jean-Baptiste Lully, l'inventeur d'un nouveau genre : la comédie-ballet, ancêtre de la comédie musicale, dont *Le Bourgeois gentilhomme* et *Le Malade imaginaire* sont sans doute les exemples les plus représentatifs – ce genre n'exista pas véritablement en dehors des productions de Molière et Lully, de 1661 à 1671.

La première comédie-ballet fut *Les Fâcheux*, en 1661. Il était alors déjà courant de placer des intermèdes comiques dans les ballets pour laisser aux danseurs le temps de se changer entre les scènes ; mais là où Molière innove, c'est en instaurant une continuité scénaristique entre les passages dansés et les passages joués. De fait, lors de leur création, les comédies-ballets sont constituées pour s'intégrer à un ballet : dans le cas du *Bourgeois gentilhomme*, la pièce est suivie du

Ballet des nations. La comédie-ballet reprend les mêmes ressorts comiques que la comédie canonique (comique de geste, de situation, de caractère, de mots), mais y ajoute des moments de chant et de danse.

Elle ne doit pas être confondue avec l'opéra-ballet : là où celui-ci se disperse davantage dans l'intrigue, la comédie-ballet suit une action unique et ne s'embarrasse pas d'actions secondaires. Son sujet central tourne très souvent autour de la question du mariage de personnages contemporains, ordinaires, représentants de la vie quotidienne de l'époque.

En 1670, le roi Louis XIV, toujours avide de divertissements, commande un ballet (à l'époque, spectacle de danse et de chant) au musicien Lully. Au départ, on ne fait appel à Molière que pour rédiger les quelques paroles du livret. Mais ce dernier ne veut pas se contenter de faire « baragouiner » des Turcs et danser des valets. C'est donc toute une pièce qu'il écrit. Le dramaturge souhaite incorporer la danse à l'action et fortifier l'expression des sentiments par la musique. Néanmoins, le divertissement ne se juxtapose presque jamais à la comédie, il en est le prolongement naturel. Il s'agit dès lors d'un spectacle complet.

Durant leurs dix années de collaboration, Molière et Lully (aidés par Pierre Beauchamp) créèrent huit comédies-ballets : *Les Fâcheux*, *L'Amour médecin* (1665), *Pastorale comique* (1667), *Le Sicilien ou l'Amour peintre* (1667), *George Dandin ou le Mari confondu* (1668), *Monsieur de Pourceaugnac* (1669), *Les Amants magnifiques* (1670) et *Le Bourgeois gentilhomme*.

LA MODE DES TURQUERIES

L'Empire ottoman (1299-1923) est très influent à l'époque de Louis XIV ; il s'étend alors jusqu'à l'Autriche. En outre, c'est également une grande puissance commerciale : dans ce pays transitent soieries, tapisseries, épices, sucre de canne, coton et autres produits de luxe. Pour ces raisons, certaines monarchies d'Europe combattent les Turcs, tandis que d'autres cherchent à s'en faire des alliés. Cependant, à l'époque où Molière crée *Le Bourgeois gentilhomme*, l'Empire ottoman n'est plus considéré comme une menace militaire, même s'il occupe notamment les Balkans.

Quoi qu'il en soit, cette civilisation suscite l'admiration des Occidentaux : ceux-ci sont véritablement fascinés par l'exotisme de cette contrée lointaine, encore peu connue en Occident. C'est dans ce contexte qu'apparaissent les « turqueries », c'est-à-dire des œuvres d'art développées en Europe Occidentale qui représentent ou imitent la culture turque, par exemple dans les champs de la musique (la première entrée de l'opéra-ballet de Jean-Philippe Rameau [compositeur français, 1683-1764], *Les Indes galantes*, s'intitule « Le Turc généreux ») ou de l'opéra : *L'Enlèvement au sérail*, dont la musique fut élaborée par Mozart [compositeur allemand, 1756-1791] ; la *Marche turque*, sonate du même Mozart, etc.

Sous Louis XIV, le sultan ottoman Mehmed IV (1642-1693) avait fait expulser l'ambassadeur de France à Istanbul, mais, désirant rétablir de bons rapports entre les deux puissances, il envoya un émissaire à Versailles en novembre 1669 :

Soliman Aga. Cet émissaire turc éblouit tous ceux qui se trouvèrent sur son passage ; le faste ainsi déployé témoignait alors du pouvoir du sultan. Mais une fois arrivé à destination, Soliman Aga négligea l'accueil somptueux qui lui fut réservé et considéra la monarchie française de haut. Cette visite diplomatique marqua profondément les esprits. Malgré le parfum d'exotisme qui captivait encore la cour, personne n'oublia l'indignation suscitée par cet évènement.

Dans *Le Bourgeois gentilhomme*, la mode turque apparait par le biais du déguisement de Cléonte. Celui-ci lui confère directement un statut de noble aux yeux de M. Jourdain, admiratif, qui lui propose d'emblée sa fille en mariage. Molière devait-il venger l'insolente froideur de l'arrogant émissaire qui avait snobé le roi ? En tout cas, sa bouffonnerie féérique séduisit tout le monde.

UNE PIÈCE COMIQUE

Une bouffonnerie et une farce

Le Bourgeois gentilhomme peut être rapproché de la bouffonnerie – genre théâtral qui trouve ses racines au Moyen Âge –, en ce sens que la pièce joue sur le ridicule et le grotesque, que ce soit par le biais de personnages (ici, en mettant en scène les ambitions aberrantes de M. Jourdain) ou celui des déguisements (par exemple, le costume de Turc, que le protagoniste porte volontairement pour être anobli).

Mais la pièce s'inscrit également dans le cadre de la farce, ce genre d'origine médiéval, traditionnellement réservé au peuple (par opposition à la comédie, qui vise un public bourgeois, et à la tragédie, qui recherche un public noble), qui porte sur la scène les risibles intrigues des gens de moyenne et petite condition, dans un style souvent dru et grossier.

Suite à ses voyages en Italie, Molière – qui s'illustre dans cette veine avec des pièces comme *Le Docteur amoureux* (1658) et, plus tard, *Les Fourberies de Scapin* – est inspiré par le genre populaire de la *commedia dell'arte*, ses personnages et ses procédés ; il en introduit d'ailleurs plusieurs dans son théâtre : parmi eux, le lazzi (des mouvements acrobatiques accompagnés de jeux des mots bouffons, comme lors de la supposée cérémonie d'anoblissement de M. Jourdain), l'humour bouffon et le procédé comique du quiproquo. Par son travail théâtral, Molière a permis de redonner un certain cachet au genre de la farce, qui était alors considéré en France comme peu digne de l'intérêt des bourgeois et des nobles.

Quatre ressorts comiques distincts

Traditionnellement, les comédies suscitent le rire en s'appuyant sur quatre principaux ressorts distincts : les gestes, les caractères, la situation et les mots. Sans surprise, ceux-ci se retrouvent tous sollicités par le dramaturge dans *Le Bourgeois gentilhomme* :

- **le comique de geste** est un type de comique induit par des mouvements prêtant à rire (comme la distribution de coups). C'est cependant le comique le moins présent dans la pièce. Il apparait traditionnellement dans des didascalies ou peut être ajouté par le metteur en scène lors de l'adaptation pour la scène. Il se manifeste par exemple dans la scène II de l'acte II : « *Le maître d'armes lui pousse deux ou trois bottes en lui disant : "En garde !"* ») ;

- **le comique de caractère** se base sur les traits de caractère d'un ou plusieurs personnages qui déclenchent le rire, soit par leur ridicule soit par leurs multiples apparitions dans le texte. C'est sans doute le comique le plus développé dans la pièce. Le caractère de M. Jourdain (sa naïveté, sa vanité, son ambition) constitue l'exemple le plus flagrant et le plus parlant : tout au long du texte, ses envies de grandeur sont la cible de quolibets et sont constamment tournées en ridicule. La scène IV de l'acte III, où le bourgeois s'empresse de donner de l'argent à Dorante – qui l'escroque –, est un exemple parmi tant d'autres des moqueries que subit le protagoniste ;

- **le comique de situation** se retrouve à plusieurs reprises dans l'œuvre : il s'agit d'un comique où la situation engendre le rire par son caractère ridicule ou rocambolesque. Citons, à titre d'exemple, la quatrième scène de l'acte II, où M. Jourdain répète les voyelles de façon ridicule, ou encore les quelques scènes où le spectateur (ou le lecteur) sait que Cléonte est en vérité le Turc déguisé. De fait, l'une des manifestations privilégiées du comique de situation est le quiproquo : le spectateur est au courant d'une situation particulière – tout comme peuvent l'être certains protagonistes –, mais d'autres personnages ignorent ce qu'il se passe véritablement. Cette inégale distribution des savoirs a la vocation de provoquer le rire. Ici, c'est le cas lorsque Cléonte apparait, déguisé en Turc (acte IV, scène VI), puisque le spectateur, contrairement à M. Jourdain, a précédemment été mis au courant de la supercherie ;

- enfin, **le comique de mots** est également présent. Il se manifeste par des jeux de mots, par l'emploi de termes peu usuels, par la confusion entre plusieurs mots similaires, etc. Ainsi, dans la scène v de l'acte III, Mme Jourdain répond avec ironie à Dorante, qui lui demande comment se porte sa fille : « Elle se porte sur ses deux jambes. » Évidemment, l'emploi d'un dialecte supposément turc par M. Jourdain, lorsqu'il rencontre Cléonte (« Strouf, strif, strof, straf. », acte V, scène iv), invite le spectateur au rire.

UNE SATIRE SUR LES PARVENUS

Dans bon nombre de ses pièces, Molière met en scène et ridiculise – parfois cyniquement – les dangers de l'excès, de l'égoïsme, de l'hypocrisie et de la vanité ; à l'inverse, toujours, il valorise les avantages d'un comportement raisonnable. Ainsi, de ses œuvres se dégage généralement une morale pratique ; et c'est encore le cas ici, dans *Le Bourgeois gentilhomme*.

Certains individus acquièrent la richesse et le succès très rapidement. Dès lors, ils peuvent éprouver le besoin de se parer d'objets luxueux, de chercher, par tous les moyens, à montrer ostensiblement le niveau d'influence et de pouvoir auquel ils viennent d'accéder. Mais bien souvent leurs origines continuent de transparaitre derrière cette nouvelle façade et trahissent la nature de leur condition. Ils sont ce qu'on appelle communément les « nouveaux riches », les parvenus : des personnes qui ont acquis une condition sociale supérieure, sans parvenir à en adopter les manières.

Au xviie siècle, les gens fortunés d'extraction roturière existent, et une minorité d'entre eux est obnubilée par l'image qu'elle donne en société. Ces bourgeois présomptueux imitent alors ceux qu'ils envient et prennent les aristocrates pour modèles. C'est alors que le désir d'éblouir se transforme quelquefois en folie des grandeurs.

Ainsi, dans *Le Bourgeois gentilhomme*, M. Jourdain – comme *George Dandin*, héros de la pièce éponyme – croit pouvoir accéder à la noblesse en s'appropriant, par l'argent et l'enseignement, les caractéristiques de cette classe sociale : apparence, langage, culture et manières. Et c'est d'ailleurs dans cette perspective qu'il convoque chez lui une pléiade de maitres en tous genres.

Mais M. Jourdain peine à adopter les codes de la noblesse : il fait preuve de maladresse lors de sa leçon d'escrime (acte II, scène II), il apprécie une musique grossière, indigne d'un noble (acte I, scène II), il démontre son inculture dès qu'il ouvre la bouche (acte II, scène IV), etc. Il est également incapable de reconnaitre les codes et pratiques de la noblesse, en acceptant par exemple une leçon ridicule sur la prononciation des voyelles au lieu de recevoir une leçon de physique (acte II, scène II), ce qu'un vrai noble, ou du moins quelqu'un de familier avec l'univers noble, n'aurait jamais fait.

M. Jourdain cultive son obsession à l'outrance et la pousse jusqu'au ridicule. On guette l'instant où il finira par imploser, à l'instar de la grenouille qui veut se faire aussi grosse que le bœuf dans la fable de La Fontaine (poète français, 1621-1695). Et Molière le raille sans ménagement, parce qu'il se croit différent et cherche à se hisser au-delà de son rang.

À n'en pas douter, il partage l'avis exprimé par Cléonte, dans cette longue tirade :

> « Cléonte – [...] Je trouve que toute imposture est indigne d'un honnête homme, et qu'il y a de la lâcheté à déguiser ce que le ciel nous a fait naître, à se parer aux yeux du monde d'un titre dérobé, à se vouloir donner pour ce qu'on n'est pas. Je suis né de parents, sans doute, qui ont tenu des charges honorables. Je me suis acquis dans les armes l'honneur de six ans de services, et je me trouve assez de bien pour tenir dans le monde un rang assez passable ; mais avec tout cela je ne veux point me donner un nom où d'autres en ma place croiraient pouvoir prétendre, et je vous dirai franchement que je ne suis point gentilhomme. » (acte III, scène XII)

Le Bourgeois gentilhomme est donc une construction littéraire plus complexe qu'il n'y parait, mettant en scène plusieurs niveaux de comique pour susciter le rire chez le spectateur : outre les différents types de comique (geste, caractère, situation, mots), Molière s'approprie un genre alors impopulaire – car réservé au peuple –, et lui donne une visibilité et un succès sans précédent. Comme à son habitude, il glisse aussi dans sa comédie une critique de la société qui lui est contemporaine et, ce faisant, nous invite à une relecture de son œuvre.

PISTES DE RÉFLEXION

QUELQUES QUESTIONS POUR APPROFONDIR SA RÉFLEXION...

- Pourquoi, selon vous, Molière ne fait-il apparaitre M. Jourdain que dans la deuxième scène de la pièce ? Quel est l'intérêt d'une entrée si tardive ?
- Quel est le véritable rôle des différents maitres ? En quoi contribuent-ils au comique de la pièce ?
- Mme Jourdain a une certaine conception du mariage ; laquelle ? En quoi se distingue-t-elle de celle de son époux, M. Jourdain ?
- En quelles circonstances peut-on dire que le personnage de Nicole est un prolongement de celui de Mme Jourdain ?
- Selon vous, quelle est la forme de comique la plus efficace de la pièce ? Pourquoi ?
- Était-il nécessaire que Dorante soit mis au courant de la mascarade de Cléonte et Covielle ? Quels sont leurs intérêts respectifs dans cette affaire ?
- Relevez quelques expressions révélatrices de la véritable condition sociale de M. Jourdain.
- Caractérisez le langage du valet, Covielle, en l'opposant à celui du maitre, Cléonte. En quoi leurs façons respectives de s'exprimer montrent-elles des conceptions divergentes sur l'amour ?
- Supprimer les scènes dansées nuirait-il à la représentation de la pièce ? Pesez le pour et le contre.
- Regardez l'une des adaptations de la pièce (au cinéma ou au théâtre). Comparez. Quels points communs et quelles différences avec le texte remarquez-vous ?

Votre avis nous intéresse !
Laissez un commentaire sur le site de votre librairie en ligne
et partagez vos coups de cœur sur les réseaux sociaux !

POUR ALLER PLUS LOIN

ÉDITION DE RÉFÉRENCE

- MOLIÈRE, *Le Bourgeois gentilhomme*, *Le Médecin malgré lui*, Paris, Maxi-Livres, 2005.

ÉTUDES DE RÉFÉRENCE

- DANTZIG C., *Dictionnaire égoïste de la littérature française*, Paris, Grasset, 2005.
- DE BEAUMARCHAIS J.-P. et COUTY D., *Dictionnaire des grandes œuvres de la littérature française*, Paris, Larousse, 2001.
- POLET J.-C. (dir.), *Patrimoine littéraire européen. Avènement de l'équilibre européen (1616-1720)*, t. II, Bruxelles, De Boeck, 1996.

SUR LEPETITLITTÉRAIRE.FR

- Commentaire de la scène I de l'acte II du *Bourgeois gentilhomme*.
- Commentaire de la scène II de l'acte III de *Dom Juan* de Molière.
- Commentaire de la scène I de l'acte I des *Femmes savantes* de Molière.
- Commentaire des scènes I et II de l'acte I de *George Dandin* de Molière.
- Commentaire du monologue d'Harpagon de *L'Avare* de Molière.
- Commentaire de la scène X de l'acte III du *Malade*

imaginaire de Molière.

- Commentaire de la scène IV de l'acte II du *Misanthrope* de Molière.
- Commentaire de la scène IV de l'acte V du *Misanthrope*.
- Commentaire de la scène IX des *Précieuses ridicules* de Molière.
- Commentaire de la scène VI de l'acte III du *Tartuffe* de Molière.
- Fiche de lecture sur *Amphitryon* de Molière.
- Fiche de lecture sur *Dom Juan*.
- Fiche de lecture sur *George Dandin*.
- Fiche de lecture sur *L'Avare*.
- Fiche de lecture sur *L'École des femmes* de Molière.
- Fiche de lecture sur *Le Malade imaginaire*.
- Fiche de lecture sur *Le Médecin volant* de Molière.
- Fiche de lecture sur *Le Misanthrope*.
- Fiche de lecture sur *Les Femmes savantes*.
- Fiche de lecture sur *Les Fourberies de Scapin* de Molière.
- Fiche de lecture sur *Les Précieuses ridicules*.
- Fiche de lecture sur *Le Tartuffe*.
- Fiche de lecture sur *L'Impromptu de Versailles* de Molière.
- Questionnaire de lecture sur *Dom Juan*.
- Questionnaire de lecture sur *George Dandin*.
- Questionnaire de lecture sur *L'Avare*.
- Questionnaire de lecture sur *Le Bourgeois gentilhomme*.
- Questionnaire de lecture sur *L'École des femmes*.
- Questionnaire de lecture sur *Le Malade imaginaire*.
- Questionnaire de lecture sur *Le Médecin volant*.
- Questionnaire de lecture sur *Le Misanthrope*.
- Questionnaire de lecture sur *Les Fourberies de Scapin*.
- Questionnaire de lecture sur *Les Précieuses ridicules*.

- Questionnaire de lecture sur *George Dandin*.

Retrouvez notre offre complète sur lePetitLittéraire.fr

- des fiches de lectures
- des commentaires littéraires
- des questionnaires de lecture
- des résumés

ANOUILH
- Antigone

AUSTEN
- Orgueil et Préjugés

BALZAC
- Eugénie Grandet
- Le Père Goriot
- Illusions perdues

BARJAVEL
- La Nuit des temps

BEAUMARCHAIS
- Le Mariage de Figaro

BECKETT
- En attendant Godot

BRETON
- Nadja

CAMUS
- La Peste
- Les Justes
- L'Étranger

CARRÈRE
- Limonov

CÉLINE
- Voyage au bout de la nuit

CERVANTÈS
- Don Quichotte de la Manche

CHATEAUBRIAND
- Mémoires d'outre-tombe

CHODERLOS DE LACLOS
- Les Liaisons dangereuses

CHRÉTIEN DE TROYES
- Yvain ou le Chevalier au lion

CHRISTIE
- Dix Petits Nègres

CLAUDEL
- La Petite Fille de Monsieur Linh
- Le Rapport de Brodeck

COELHO
- L'Alchimiste

CONAN DOYLE
- Le Chien des Baskerville

DAI SIJIE
- Balzac et la Petite Tailleuse chinoise

DE GAULLE
- Mémoires de guerre III. Le Salut. 1944-1946

DE VIGAN
- No et moi

DICKER
- La Vérité sur l'affaire Harry Quebert

DIDEROT
- Supplément au Voyage de Bougainville

DUMAS
- Les Trois
  Mousquetaires

ÉNARD
- Parlez-leur
  de batailles,
  de rois et
  d'éléphants

FERRARI
- Le Sermon sur la
  chute de Rome

FLAUBERT
- Madame Bovary

FRANK
- Journal
  d'Anne Frank

FRED VARGAS
- Pars vite et
  reviens tard

GARY
- La Vie devant soi

GAUDÉ
- La Mort du
  roi Tsongor
- Le Soleil des
  Scorta

GAUTIER
- La Morte
  amoureuse
- Le Capitaine
  Fracasse

GAVALDA
- 35 kilos d'espoir

GIDE
- Les
  Faux-Monnayeurs

GIONO
- Le Grand
  Troupeau
- Le Hussard
  sur le toit

GIRAUDOUX
- La guerre de
  Troie
  n'aura pas lieu

GOLDING
- Sa Majesté des
  Mouches

GRIMBERT
- Un secret

HEMINGWAY
- Le Vieil Homme
  et la Mer

HESSEL
- Indignez-vous !

HOMÈRE
- L'Odyssée

HUGO
- Le Dernier Jour
  d'un condamné
- Les Misérables
- Notre-Dame
  de Paris

HUXLEY
- Le Meilleur
  des mondes

IONESCO
- Rhinocéros
- La Cantatrice
  chauve

JARY
- Ubu roi

JENNI
- L'Art français
  de la guerre

JOFFO
- Un sac de billes

KAFKA
- La Métamorphose

KEROUAC
- Sur la route

KESSEL
- Le Lion

LARSSON
- Millenium I. Les
  hommes qui
  n'aimaient pas
  les femmes

LE CLÉZIO
- Mondo

LEVI
- Si c'est un
  homme

LEVY
- Et si c'était vrai…

MAALOUF
- Léon l'Africain

MALRAUX
- La Condition humaine

MARIVAUX
- La Double Inconstance
- Le Jeu de l'amour et du hasard

MARTINEZ
- Du domaine des murmures

MAUPASSANT
- Boule de suif
- Le Horla
- Une vie

MAURIAC
- Le Nœud de vipères

MAURIAC
- Le Sagouin

MÉRIMÉE
- Tamango
- Colomba

MERLE
- La mort est mon métier

MOLIÈRE
- Le Misanthrope
- L'Avare
- Le Bourgeois gentilhomme

MONTAIGNE
- Essais

MORPURGO
- Le Roi Arthur

MUSSET
- Lorenzaccio

MUSSO
- Que serais-je sans toi ?

NOTHOMB
- Stupeur et Tremblements

ORWELL
- La Ferme des animaux
- 1984

PAGNOL
- La Gloire de mon père

PANCOL
- Les Yeux jaunes des crocodiles

PASCAL
- Pensées

PENNAC
- Au bonheur des ogres

POE
- La Chute de la maison Usher

PROUST
- Du côté de chez Swann

QUENEAU
- Zazie dans le métro

QUIGNARD
- Tous les matins du monde

RABELAIS
- Gargantua

RACINE
- Andromaque
- Britannicus
- Phèdre

ROUSSEAU
- Confessions

ROSTAND
- Cyrano de Bergerac

ROWLING
- Harry Potter à l'école des sorciers

SAINT-EXUPÉRY
- Le Petit Prince
- Vol de nuit

SARTRE
- Huis clos
- La Nausée
- Les Mouches

SCHLINK
- Le Liseur

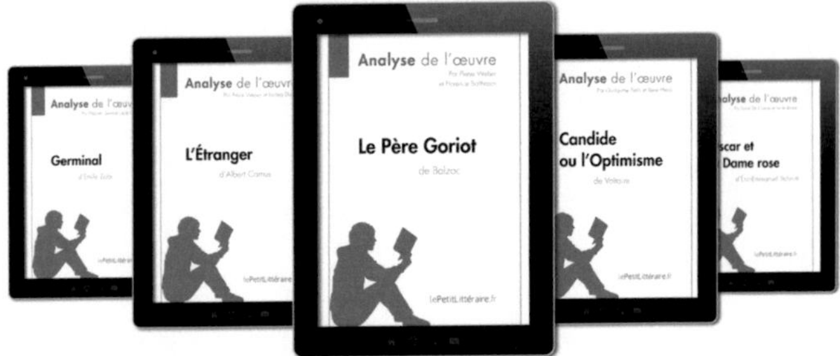

Analyse de l'œuvre
Germinal
d'Émile Zola
Analyse de l'œuvre
L'Étranger
d'Albert Camus
Analyse de l'œuvre
Le Père Goriot
de Balzac
Analyse de l'œuvre
Candide ou l'Optimisme
de Voltaire
Analyse de l'œuvre
Oscar et la Dame rose
d'Éric-Emmanuel Schmitt

www.lepetitlitteraire.fr

ISBN version numérique : 978-2-8062-1811-7
ISBN version papier : 978-2-8062-1320-4
Dépôt légal : D/2017/12603/690

Avec la collaboration de Kelly Carrein pour le chapitre
« Une pièce comique ».

Conception numérique : Primento,
le partenaire numérique des éditeurs.

Ce titre a été réalisé avec le soutien de la Fédération
Wallonie-Bruxelles, Service général des Lettres et du Livre.